UN DICTATEUR

MOMENTANÉ

EST NÉCESSAIRE.

Aux grands maux, de grands remèdes.

ADRESSE

A SA MAJESTÉ L'EMPEREUR,

SUR

L'ACTE ADDITIONNEL

AUX CONSTITUTIONS DE L'EMPIRE,

PROPOSÉ

A L'ACCEPTATION INDIVIDUELLE DES FRANÇAIS.

PARIS,

CHEZ DELAUNAY, LIBRAIRE, AU PALAIS-ROYAL.

1815.

DE L'IMPRIMERIE DE MADAME Vᵉ JEUNEHOMME,
rue Hautefeuille, n°. 20.

A S. M. L'EMPEREUR.

SIRE,

PAR votre décret du 13 mars dernier, vous avez déclaré dissoutes les deux principales autorités représentatives, la Chambre des pairs, composée en partie de sénateurs, et la Chambre des députés, composée tout entière des membres de l'ancien Corps législatif.

Par le même décret, votre majesté a appelé et convoqué à Paris les Colléges électoraux, *pour corriger et modifier nos Constitutions, selon l'intérét et la volonté de la Nation.* Ce décret, devenu immortel par la reconnaissance des grands principes qu'il énonce, nous montre dans notre Empereur le noble défenseur des droits du citoyen et de la liberté nationale; dès-lors toute la France a dû croire qu'elle serait appelée à conférer avec le souverain de son choix, sur une Constitution en harmonie avec les lumières du siècle, conforme à la grande majorité des intérêts, des habitudes et des vœux de la Nation.

Mais, par une fatalité inconcevable, votre majesté, changeant d'avis, ou n'écoutant peut-être que des conseils inhabiles et flatteurs, au lieu de s'abandonner entièrement à une Nation reconnaissante et généreuse qui chérit son libérateur, sépare en quelque sorte sa cause de la sienne, et lui propose, par *oui* ou par *non*, l'acceptation d'*une nouvelle Constitution*, déguisée sous le nom d'Acte additionnel aux Constitutions de l'Empire, qui, telle bonne qu'elle puisse être au fond, pèche essentiellement par la forme. Car, pour qu'elle soit stable, fondamentale, et puisse terminer enfin toutes nos discussions politiques, elle doit être absolument le résultat d'une discussion approfondie, entre vous, Sire, et des délégués de la Nation, ayant des pouvoirs *ad hoc*; alors, revêtue de votre approbation, cette Constitution pourra être envoyée à l'acceptation du Peuple; alors seulement elle deviendra un *Pacta conventa*, un contrat social, indépendant des événemens, dont nous devons attendre; tranquillité et prospérité alors seulement, Sire, vous aurez accompli vos grandes destinées.

L'ennemi est à nos portes et nous menace insolemment; la guerre est inévitable. Déjà l'or de l'Angleterre s'écoule pour acquitter aux Allemands, aux Russes, aux Prussiens, le prix du sang français. Les armes vont décider

(5)

de l'indépendance de la France, de son bonheur futur ou de sa ruine totale. Dans ce moment critique on ne peut, Sire, s'occuper d'un
acte qui doit absorber toute l'attention pu-
blique, qui, par sa nature, ne peut être discu-
té que dans la tranquillité de la paix, et non
au milieu d'un camp général, tel que va le de-
venir la France entière. Ajournez, Sire, toute
discussion politique sur notre intérieur; con-
servez vos pouvoirs dictatoriaux, *et soyez
notre ancre de miséricorde.*

Ne donnez pas à nos plus cruels ennemis
l'occasion de jeter parmi nous des germes de
discordes civiles en animant des factions tou-
jours prêtes à s'allumer; confirmez votre décret du 13 mars, en le basant sur *l'appel d'une
véritable représentation nationale ;* fixez un
terme, après la signature de la paix, pour réu-
nir les députés de la nation : alors vous leur
proposerez une constitution dont nous con-
naissons déjà les bases ; alors, comme un père
entouré de sa famille, vous conviendrez avec
elle de tout ce qui sera le plus propre à lui
assurer le bonheur par une sage liberté.

« Avant le 18 brumaire l'État tombait en
» dissolution, et le pouvoir absolu l'a retiré
» de l'abîme. » Nous y voilà de nouveau, mais
par d'autres causes, au bord de cet abîme !

» Une dictature momentanée est quelquefois
» nécessaire pour sauver la liberté; et les
» Romains, qui en étaient si jaloux, avaient
» pourtant reconnu la nécessité de ce pouvoir
» suprême par intervalles.

» C'est par le pouvoir absolu que les Fa-
» bius, les Cincinnatus, les Camille sauvèrent
» la liberté romaine; mais ils s'en dessaisirent
» aussitôt qu'ils le purent. »

Imitez-les, Sire; sauvez la patrie en exer-
çant cette magistrature suprême. Que le bruit
des armes, que le nom de dictateur retentissent
uniquement en France! Ajournons tout autre
objet dans ce moment critique; mais alors que
nous aurons forcé nos ennemis à recevoir la
paix et à respecter notre indépendance, votre
majesté, déposant le glaive avec le pouvoir
unique, et reprenant la toge, assemblera la
nation par ses députés, leur remettra le dépôt
sacré qui lui est confié, celui des libertés na-
tionales, qui reposent aujourd'hui dans ses
mains.

L'acte additionnel aux constitutions de
l'empire, que votre majesté nous propose
d'accepter ou de rejeter par un *oui* ou par
un *non*, est bien une véritable constitution;
et en empruntant encore ici le langage d'un
de vos anciens ministres, j'observerai que

vos ennemis , Sire , qui sont ceux de la France , pourront dire avec raison , « que » l'assentiment que donneraient les Français » à cette mesure ne serait peut-être pas leur » vœu librement exprimé ; qu'il sera influencé » par l'autorité qui préside à cette signature » individuelle, qui doit avoir lieu sur des re- » gistres ; que tous les fonctionnaires et em- » ployés de l'État ne peuvent manifester une » opinion contraire au gouvernement ; qu'il » y aurait de graves inconvéniens pour eux » à la manifester » ; que l'armée, qui est également appelée à donner son vœu , ne peut avoir deux opinions à cet égard.

Ainsi, loin d'avoir obtenu par quelques millions de signatures impossibles à légaliser , une autorité positive en faveur de cet acte additionnel, je pense avec raison qu'elle serait encore contestée , et que cette manière de proposer et de consentir l'un des pactes le plus important que puisse faire une nation avec son souverain , est évidemment con- traire aux vrais principes, à la saine poli- tique , et n'aurait qu'un résultat fâcheux.

Chassons les ennemis de nos frontières ; faisons rentrer dans les limites ce roi de Prusse qui naguère était à nos genoux , et qui, dans son manifeste du 7 avril, donné à

Vienne , traite les Français de conspira-teurs, et nos braves soldats de parjures.

Vous seul pouvez nous sauver, Sire ; réu-nissons - nous en un seul faisceau contre l'ennemi implacable qui nous menace , tant au-dedans qu'au dehors, qui voudrait nous désunir , et fomenter parmi nous des discordes. « Tous les moyens lui sont légi-» times , pourvu qu'il parvienne à son but » d'oppression universelle et de domination » sur toute l'étendue des mers. »

Ce qui s'est passé à Bordeaux et au sein même du Corps législatif, lors de l'invasion , ne prouve-t-il pas, sans réplique, que l'or de l'Angleterre est plus dangereux pour nous que le fer des Prussiens et des Russes ?

Sire, soyez la seule autorité en France , tant qu'il restera un ennemi à combattre ; mais le jour où vous nous donnerez la paix , déposant cette autorité suprême , rapportez-vous-en à la reconnaissance et à l'amour des Français ; vous-même serez obligé d'y mettre des bornes.

Je suis avec un profond respect ,

Sire ,

De votre Majesté , le très-humble
serviteur et sujet ,

ACKILWERS.

Paris, le 25 avril 1815.